Histoires en Français pour Débutants

Daria Galek

Table des Matières

Introduction

Bienvenue dans le livre "Histoires en Français pour Débutants". Cette collection unique contient 40 histoires soigneusement sélectionnées pour vous aider à apprendre le français. Après chaque histoire, vous trouverez des exercices avec des réponses pour vous aider à renforcer les connaissances acquises.

Les histoires de ce livre varient en thèmes et en niveaux de difficulté, mais elles sont toutes adaptées au niveau débutant. Vous y trouverez des histoires de la vie quotidienne ainsi que des aventures plus palpitantes. Chaque histoire vise à développer votre connaissance de le française de manière agréable et engageante.

Les exercices qui accompagnent chaque histoire sont conçus pour tester votre compréhension du texte et vous aider à apprendre de nouveaux mots et structures grammaticales. Grâce à eux, vous pourrez développer systématiquement vos compétences linguistiques.

J'espère que ce livre deviendra pour vous non seulement un outil d'apprentissage, mais aussi une source de joie et de satisfaction dans la découverte d'une nouvelle langue.

Bonne chance et bonne lecture!

Conseils pour Apprendre à Lire des Histoires en Français

Lire des histoires en français peut être à la fois agréable et très efficace pour apprendre une nouvelle langue. Pour tirer pleinement parti des histoires contenues dans ce livre, il est utile d'appliquer quelques stratégies simples mais efficaces. Voici quelques conseils qui peuvent vous aider:

1. **Lisez à voix haute**: Lire à voix haute aide à améliorer la prononciation et la fluidité. Vous entendrez comment les mots et les phrases sonnent, ce qui est extrêmement utile pour apprendre une langue étrangère.

2. **N'ayez pas peur de faire des erreurs**: L'apprentissage d'une nouvelle langue est un processus où faire des erreurs est naturel et inévitable. Chaque erreur est une occasion d'apprendre et de s'améliorer.

3. **Concentrez-vous sur la compréhension globale**: Au début, vous n'avez pas besoin de comprendre chaque mot. Concentrez-vous sur la compréhension du sens général de l'histoire. Avec le temps, vous comprendrez de plus en plus de détails.

4. **Utilisez un dictionnaire**: Si vous rencontrez des mots difficiles, utilisez un dictionnaire pour rechercher leur signification. Cela vous aidera à élargir efficacement votre vocabulaire.

5. **Prenez des notes**: Notez les nouveaux mots et expressions que vous rencontrez en lisant. De cette façon, vous pourrez y revenir et consolider vos connaissances.

6. **Complétez les exercices après chaque histoire**: Les exercices sont un élément clé de l'apprentissage. Faites-les attentivement pour vérifier votre compréhension du texte et consolider le nouveau vocabulaire ainsi que les structures grammaticales.

7. **Lisez régulièrement**: La régularité est la clé du succès dans l'apprentissage d'une langue. Essayez de lire tous les jours, même si ce n'est que pour quelques minutes. Une lecture régulière vous aidera à développer progressivement vos compétences linguistiques.

8. **Relisez les histoires**: N'ayez pas peur de revenir sur les histoires déjà lues. Les relire vous aidera à mieux comprendre le texte et à consolider les nouveaux mots et structures grammaticales.

9. **Utilisez le contexte**: Si vous rencontrez un mot difficile, essayez de deviner sa signification en vous basant sur le contexte. C'est une compétence qui vous sera très utile dans l'apprentissage de la langue.

10. **Soyez patient**: L'apprentissage d'une langue est un processus qui demande du temps. Soyez patient et persévérant, et vous verrez certainement des progrès.

Rappelez-vous que l'apprentissage d'une langue ne consiste pas seulement à acquérir des connaissances, mais aussi à prendre

plaisir à découvrir une nouvelle culture et de nouvelles façons
de s'exprimer.

Chapitre 1. Journée à l'École

Emma s'est réveillée tôt comme tous les matins. Elle s'est habillée rapidement et est allée à la salle à manger pour prendre son petit déjeuner. Sa mère avait déjà préparé des toasts avec de la confiture et un verre de lait chaud.

"Dépêche-toi, Emma! Tu ne veux pas être en retard à l'école encore une fois", dit sa mère en ramassant les assiettes.

Emma acquiesça et mit ses livres dans son sac à dos. Elle quitta la maison et marcha quelques rues jusqu'à l'école. Dans la cour, certains de ses amis jouaient déjà.

La cloche sonna et tous les enfants se mirent en file pour entrer dans le bâtiment. Le premier cours était les mathématiques. Emma prêta beaucoup d'attention pendant que la maîtresse expliquait les additions et les soustractions au tableau.

Après, ils eurent une heure de récréation. Emma et ses amies jouèrent à la marelle et prirent un petit goûter.

Les cours suivants étaient la lecture et les sciences naturelles. Emma aimait beaucoup apprendre sur les animaux et les plantes.

Quand la cloche de sortie sonna, Emma ramassa ses affaires et se dirigea vers la porte principale. Sa mère l'attendait déjà pour rentrer ensemble à la maison.

Chapitre 2. Une Promenade dans le Parc

Olivia et sa maman sont sorties de la maison et ont marché jusqu'au parc voisin. C'était une journée ensoleillée et chaude. Le parc était rempli de gens profitant du beau temps.

Elles ont vu de petits enfants jouer sur les balançoires et courir sur l'herbe verte et douce. Les oiseaux chantaient des chansons joyeuses dans les branches des grands arbres. Des fleurs aux couleurs vives ornaient les sentiers du parc.

La maman montra un écureuil grimpant sur le tronc rugueux d'un grand chêne. "Regarde cet écureuil, Olivia!" dit-elle avec un sourire. Olivia observa avec ses grands yeux le petit animal se déplacer avec agilité.

Elles continuèrent à marcher et arrivèrent à une fontaine d'eau cristalline. Olivia prit quelques pièces de monnaie de sa poche et les jeta dans l'eau, fermant les yeux pour faire un vœu. Ensuite, elles continuèrent à explorer les recoins du parc.

Elles ont vu des papillons voltiger de fleur en fleur, butinant le doux nectar. Le parfum des fleurs printanières imprégnait l'air frais. Dans la cime d'un arbre feuillu, elles aperçurent un nid d'oiseaux entre les branches. La maman expliqua à Olivia à voix basse qu'elles devaient marcher en silence pour ne pas effrayer les oiseaux. Olivia acquiesça, émerveillée par la beauté naturelle qui les entourait.

Chapitre 3. Faire les Courses au Supermarché

Sacha avait besoin d'acheter quelques choses pour son nouvel appartement. Il est allé au supermarché près de chez lui.

En entrant, il a pris un chariot. Il est d'abord allé au rayon des fruits et légumes. Il a vu beaucoup d'options fraîches. Il a choisi quelques pommes rouges, des bananes jaunes et des carottes orange. Il les a mises dans le chariot.

Ensuite, il est passé au rayon des viandes. Il a vu du poulet, du bœuf et des saucisses. Il a décidé de prendre un peu de poulet et quelques saucisses pour préparer des repas simples. Il les a ajoutés au chariot.

Puis, il est allé au rayon des produits laitiers. Il a pris un carton de lait, un paquet de fromage et un yaourt à la fraise. Il a continué à marcher dans le supermarché.

Au rayon boulangerie, il a vu des pains fraîchement cuits. Il a choisi un pain complet et quelques petits pains sucrés. Il les a mis soigneusement dans le chariot.

Quand il a terminé d'acheter tout ce dont il avait besoin, il s'est dirigé vers les caisses. Il y avait une longue file d'attente, mais elle avançait rapidement. Quand ce fut son tour, il a mis tous les articles sur le tapis roulant.

La caissière a passé chaque produit au scanner. Sacha a payé avec sa carte de débit. La caissière lui a remis les sacs avec ses achats. Sacha est sorti du supermarché content d'avoir réussi à faire ses courses.

Chapitre 4. La Famille de Corentin

Corentin a une petite famille mais heureuse. Chez lui, vivent son père Noé, sa mère Ambre, sa sœur Sophie et sa grand-mère Anaïs.

Noé est grand et a les cheveux courts et noirs. C'est un homme travailleur et responsable. En plus de cuisiner, il aime réparer des choses autour de la maison. Il est toujours prêt à aider les autres. Pendant son temps libre, il aime regarder des matchs de football à la télévision.

Ambre est gentille et affectueuse, et elle est toujours prête à écouter ses enfants. En plus d'être professeure, c'est une excellente cuisinière et elle prépare souvent de délicieuses recettes pour la famille. Elle aime cultiver des plantes dans le jardin et enseigner à ses enfants sur la nature.

Sophie est une petite fille très énergique et curieuse. Elle est toujours prête à explorer et à découvrir de nouvelles choses. Elle adore dessiner et faire des bricolages. Elle est très créative et ses parents sont toujours surpris par ses idées innovantes.

Anaïs est le cœur de la famille. Elle a toujours un sourire sur le visage et un sage conseil à donner. En plus de faire des biscuits, elle aime tricoter et faire du crochet. Ses petits-enfants adorent écouter ses histoires sur le passé et apprendre de son expérience.

Ensemble, ils forment une équipe forte et unie qui fait face aux défis et célèbre les joies de la vie.

Chapitre 5. L'Anniversaire de Nathan

Nathan est très excité parce qu'aujourd'hui, c'est son anniversaire. Il va avoir sept ans et il veut le célébrer avec ses amis de l'école. Depuis la semaine dernière, il raconte à tous ses camarades qu'il va organiser une grande fête d'anniversaire chez lui.

La maman de Nathan a préparé tout pour la fête. Elle a acheté un grand gâteau au chocolat avec du glaçage et des bougies, des ballons de couleurs et des chapeaux d'anniversaire. Nathan a aidé à décorer la salle avec des serpentins et des affiches de "Joyeux Anniversaire".

Quand les invités sont arrivés, Nathan les a accueillis avec un grand sourire. Ils lui ont tous offert des cadeaux emballés dans des papiers brillants. Ils ont joué à cache-cache, fait des courses en sacs. Le clown faisait des tours amusants et des animaux en ballons pour les divertir.

Ensuite, tout le monde a chanté "Joyeux Anniversaire" pendant que Nathan soufflait les bougies du gâteau. Il a fait un vœu avant d'éteindre les bougies. Ensuite, ils ont distribué des parts de gâteau à tous les enfants. Chacun des invités a apprécié sa part de gâteau avec beaucoup d'enthousiasme.

À la fin, Nathan a remercié tout le monde d'être venu et d'avoir fait de son jour un moment si spécial. Il était très heureux d'avoir des amis aussi formidables.

Chapitre 6. Une Journée à la Plage

Manon s'est réveillée tôt ce matin-là, excitée à l'idée de passer une journée à la plage avec sa famille. Après le petit déjeuner, elle a préparé un sac à dos avec des serviettes, de la crème solaire et quelques jouets de plage.

Lorsqu'ils sont arrivés, le soleil brillait fort et le sable était très chaud. Manon et son petit frère Enzo ont couru vers l'eau, en riant et en éclaboussant. Leurs parents ont étendu les serviettes de plage et installé un grand parasol pour faire de l'ombre.

"Viens, Manon!" a crié Enzo depuis l'eau. "Elle est super bonne!"

Manon a rejoint son frère et ils ont joué à se poursuivre et à se recouvrir de sable. Enzo a construit un petit château de sable et Manon l'a décoré avec des coquillages qu'elle a trouvés.

Après un moment, papa les a appelés pour manger. Il a sorti des sandwiches, des fruits et des boissons fraîches d'une glacière portable. Manon a goûté de délicieuses olives et du jambon serrano pour la première fois.

"Tu aimes la nourriture, Manon?" a demandé papa en souriant.

"Oui, j'adore!" a répondu Manon avec enthousiasme.

Ils ont passé l'après-midi à bronzer, à lire des histoires et à se promener sur la plage. Manon a ramassé beaucoup de jolis coquillages comme souvenirs. Au coucher du soleil, ils ont rangé leurs affaires et sont rentrés chez eux, fatigués mais heureux après une belle journée à la plage.

Chapitre 7. À la Gare

Amélie et sa famille vont voyager en train pour rendre visite à leurs grands-parents. Amélie se réveille tôt et s'habille confortablement, en pantalon et en t-shirt léger.

Lorsqu'ils arrivent à la gare, il y a beaucoup de gens qui marchent de gauche à droite avec des valises et des bagages. Amélie regarde autour d'elle avec excitation, observant les grands horloges qui indiquent l'heure d'arrivée et de départ des trains.

Son père s'approche du guichet pour acheter les billets. Une dame aimable en uniforme bleu leur sourit et les aide à choisir les sièges appropriés.

Après avoir acheté les billets, la famille se dirige vers le quai où ils attendront leur train. Amélie et son petit frère, Daniel, s'amusent à compter les wagons du train garé sur la voie. "Un, deux, trois, quatre..." comptent-ils à voix haute, en riant lorsqu'ils perdent le fil.

Leur maman leur achète des friandises au stand de la gare. Amélie choisit des biscuits aux pépites de chocolat, tandis que Daniel préfère des bonbons gélifiés. Ils mangent leurs friandises tout en attendant, savourant chaque bouchée sucrée.

Soudain, ils entendent un sifflet fort et le train commence à avancer lentement vers le quai. "Il arrive!" crie Amélie, sautant d'excitation. La famille se lève, prête à monter à bord et à commencer leur voyage en train excitant.

Chapitre 8. Mon Animal de Compagnie

Mon animal de compagnie s'appelle Coco. C'est un tout petit chien très mignon. Il a le pelage court de couleur marron foncé et de grands yeux noirs qui brillent beaucoup.

Coco adore jouer et courir. Quand je rentre à la maison après l'école, il vient toujours me saluer en remuant la queue avec beaucoup de joie. Il aime poursuivre une balle rouge dans le parc et me la ramène pour que je la lui lance à nouveau.

Le jouet préféré de Coco est un os en plastique rouge. Il le prend dans sa bouche et le transporte partout dans la maison. C'est très amusant de le voir courir avec l'os et le secouer pour faire du bruit. Parfois, il le cache même sous les meubles.

Après avoir joué autant, Coco aime se reposer. Il se pelotonne dans son petit lit et s'endort tout de suite. Parfois, il ronfle un peu et remue les pattes comme s'il rêvait de poursuivre quelque chose.

J'aime beaucoup passer du temps avec Coco. C'est mon meilleur ami et il est toujours là pour me donner de l'affection. Je ne peux pas imaginer ma vie sans mon petit compagnon à quatre pattes.

Chapitre 9. Une Journée Pluvieuse

Aujourd'hui est une journée pluvieuse. Dehors, les gouttes tombent du ciel et le sol est mouillé. Nous ne pouvons pas sortir jouer dehors, mais cela ne veut pas dire que nous ne pouvons pas nous amuser à l'intérieur de la maison.

Maman, voulant nous empêcher de nous ennuyer, a sorti plusieurs livres et jeux de société des étagères et les a placés sur la table du salon. Elle nous a dit que nous pouvions choisir quelque chose que nous aimions et passer le temps à lire ou à jouer, en écoutant le bruit de la pluie sur le toit.

J'ai choisi un livre de contes de fées et je me suis assis sur le canapé avec une couverture. J'ai ouvert le livre et je me suis plongé dans les histoires magiques de princesses et de dragons.

Ma sœur, Chloé, préfère jouer à des jeux de société. Nous avons sorti l'échiquier et nous nous sommes assis devant le tableau. Elle déplace ses pièces avec précaution, réfléchissant à chaque mouvement. Parfois, elle me bat, mais je m'amuse beaucoup à jouer avec elle.

Pendant ce temps, maman est dans la cuisine en train de préparer quelque chose de délicieux pour le déjeuner. L'odeur de la soupe chaude se répand dans toute la maison et nous rend heureux.

C'est ainsi que nous passons notre journée pluvieuse, entre livres, jeux et repas réconfortants. Bien que nous ne puissions pas sortir dehors, nous sommes heureux d'être ensemble et de profiter du temps en famille.

Chapitre 10. Le Dîner à la Maison

Un après-midi, la maman de Eliott se préparait à faire le dîner et Eliott a décidé de l'aider. Il était très excité car il aimait beaucoup être en cuisine.

Sa maman a décidé qu'ils allaient faire une grande salade, du poulet au four et du riz aux légumes. D'abord, ils sont allés au supermarché acheter les ingrédients. Ils ont acheté de la laitue, des tomates, des carottes et des concombres pour la salade. Ils ont aussi pris un poulet frais et quelques légumes pour le riz.

Quand ils sont rentrés à la maison, ils ont commencé à préparer le dîner. Eliott a lavé les légumes et les a coupés avec soin. Son papa a assaisonné le poulet avec du sel, du poivre et un peu de citron. Ensuite, il a mis le poulet au four.

Maman a fait cuire le riz dans une grande casserole et y a ajouté les légumes coupés. Toute la maison sentait délicieusement bon pendant que la nourriture cuisait.

Après une heure, le dîner était prêt. La famille a mis la table avec des assiettes, des verres et des couverts. Eliott a aidé à servir la salade et le riz. Papa a sorti le poulet du four et l'a coupé en portions.

Toute la famille s'est assise à table et a commencé à manger. "C'est délicieux!" a dit Eliott avec un sourire. Tout le monde était d'accord et a apprécié le repas ensemble.

Chapitre 11. Visite au Zoo

Un dimanche matin chaud, Adam et son ami Jules ont décidé de visiter le zoo de Paris. Adam était très excité car il n'avait jamais été dans un zoo auparavant.

Quand ils sont arrivés, ils ont acheté leurs billets et sont entrés rapidement. La première chose qu'ils ont vue étaient les lions, se reposant sous le soleil.

"Regarde comme ces lions sont grands!" s'exclama Adam, les yeux grands ouverts.

Ensuite, ils se sont dirigés vers la zone des éléphants. Les énormes pachydermes gris se baignaient dans un étang d'eau.

"Ils ressemblent à des maisons qui marchent!" rit Jules, observant leurs mouvements lents et lourds.

Ensuite, ils ont visité l'habitat des singes. Les animaux espiègles sautaient de branche en branche, faisant des bruits amusants.

"Ils ressemblent à des enfants jouant dans un parc," commenta Adam.

Plus tard, ils sont allés à la volière, où ils ont vu des oiseaux aux couleurs vives volant librement. Adam observait avec fascination les perroquets aux plumes brillantes. Jules a souligné qu'ils ressemblaient à de petits arcs-en-ciel volants.

À l'heure du déjeuner, ils ont mangé des sandwiches qu'ils avaient préparés, assis dans une aire de pique-nique. Ils parlaient avec enthousiasme de tous les animaux fascinants qu'ils avaient vus jusqu'à présent.

Chapitre 12. Une Journée à la Montagne

Par une belle journée, Léo et sa famille ont décidé de partir en randonnée en montagne. Ils étaient excités à l'idée d'explorer la nature et de profiter de l'air frais.

"Allez, allons-y! Je ne veux rien manquer", dit Léo en préparant son sac à dos.

Ils sont partis tôt, emportant de la nourriture et de l'eau dans leurs sacs à dos. Léo n'a pas oublié son appareil photo pour capturer les paysages pendant le voyage.

En marchant sur le sentier, Léo a ramassé quelques fleurs sauvages et admiré le chant des oiseaux.

Après un moment, ils ont trouvé l'endroit parfait pour pique-niquer. Ils se sont assis ensemble et ont apprécié la vue des majestueuses montagnes tout en partageant leur repas.

Après le pique-nique, ils ont poursuivi leur chemin, s'émerveillant devant la beauté de la nature qui les entourait.

Finalement, ils sont arrivés au sommet d'une montagne et se sont arrêtés pour se reposer. Léo a sorti son appareil photo et a capturé la vue impressionnante.

"Papa, maman, regardez ces vues incroyables!" s'exclama Léo avec enthousiasme.

"Oui, mon fils, elles sont vraiment magnifiques", répondit son père avec un sourire.

Ils sont restés un moment de plus à profiter du paysage avant de commencer leur descente, se sentant reconnaissants pour cette merveilleuse journée en famille.

Chapitre 13. Mon Meilleur Ami

Mon meilleur ami s'appelle Alexandre. Nous nous sommes rencontrés à l'école et depuis, nous sommes inséparables. Alexandre est grand, il a les cheveux bruns et il a toujours un sourire sur le visage.

Alexandre adore jouer au football, et moi aussi, donc nous passons beaucoup d'après-midis à nous entraîner dans le parc près de chez nous. Nous nous amusons beaucoup à courir après le ballon et à marquer des buts.

Quand nous ne jouons pas au football, nous aimons explorer le quartier à la recherche d'aventures. Nous faisons souvent du vélo sur les sentiers de la forêt voisine ou simplement nous nous promenons dans les rues de la ville, découvrant de nouveaux endroits ensemble.

En plus de nos aventures, Alexandre et moi adorons construire des choses avec des blocs de construction. Nous passons des heures à créer des châteaux, des villes et des vaisseaux spatiaux, laissant libre cours à notre imagination.

Ce que j'apprécie le plus chez Alexandre, c'est qu'il est toujours là pour moi, dans les bons comme dans les mauvais moments. Nous pouvons toujours compter l'un sur l'autre, et c'est ce qui rend notre amitié si spéciale.

Chapitre 14. La Fête dans le Quartier

Hier soir, une fête très amusante a eu lieu. Tous les voisins se sont réunis pour célébrer ensemble. Il y avait beaucoup de musique, de délicieux plats et des danses.

La fête a commencé au coucher du soleil, lorsque les gens ont commencé à arriver au parc. Nous étions tous excités de passer un bon moment ensemble.

Les enfants jouaient et riaient, pendant que les adultes discutaient et partageaient des histoires. Bientôt, la nourriture était prête et tout le monde s'est formé en file pour se servir.

"Tu aimes les crème brûlée, Arthur? C'est ma spécialité", a dit Inès en en offrant une à son voisin.

"Bien sûr! Merci, Inès! Ça sent délicieux", a répondu Arthur, prenant une empanada et la savourant.

Après avoir mangé, la musique s'est intensifiée et tout le monde a commencé à danser. Des cercles de danse se sont formés et les gens bougeaient au rythme de la musique.

"Allez, Inès! Danse avec moi!" s'exclama Arthur, tendant la main vers sa voisine.

"Bien sûr, Arthur! J'adorerais!" répondit Inès, prenant sa main et se joignant à la danse.

La fête a duré jusqu'à tard dans la nuit, et nous avons tous beaucoup ri et nous nous sommes amusés. C'était une excellente occasion de se rassembler en tant que communauté et de célébrer l'amitié entre voisins.

Chapitre 15. La Visite chez le Médecin

La semaine dernière, Tom a dû aller chez le médecin car il ne se sentait pas bien. Il avait mal à la tête, de la fièvre et de la toux. Son père a appelé le cabinet du médecin et a obtenu un rendez-vous pour le même jour.

Lorsqu'ils sont arrivés au cabinet, la réceptionniste leur a demandé d'attendre dans la salle d'attente. Après quelques minutes, le docteur Martin les a appelés. Tom et son père sont entrés dans le cabinet et se sont assis.

Le docteur Martin a demandé à Tom quels étaient ses symptômes. "J'ai mal à la tête, de la fièvre et beaucoup de toux", a expliqué Tom.

Le docteur a acquiescé et a ensuite pris la température de Tom. "Tu as de la fièvre, mais ce n'est pas très élevé", a dit le médecin. Ensuite, il a écouté sa poitrine avec le stéthoscope. "Tes poumons ont l'air bien, mais il semble que tu aies un gros rhume."

Le docteur Martin a prescrit à Tom un sirop contre la toux et lui a conseillé de beaucoup se reposer et de boire beaucoup d'eau. Il lui a également recommandé de rester à la maison quelques jours pour récupérer complètement.

Avant de partir, le docteur a donné à Tom une sucette pour avoir été un bon patient. Tom a souri et l'a remercié.

À la maison, Tom a suivi les conseils du médecin. Il s'est reposé, a pris son sirop et bientôt a commencé à se sentir mieux. Il était reconnaissant d'avoir consulté le médecin et d'avoir reçu le traitement approprié.

Chapitre 16. Le Match de Football

Samedi après-midi, Hugo et ses amis se sont retrouvés au parc pour jouer au football.

Hugo est arrivé le premier et a marqué le terrain avec des pierres et des sacs à dos. Ensuite, ses amis Maxime, Simon, Baptiste et Matteo sont arrivés. Ils étaient très heureux et pleins d'énergie.

"Formons les équipes!" s'est exclamé Hugo avec enthousiasme.

Une fois les équipes prêtes, ils ont commencé à jouer.

Dès le début, le match a été très intense. Hugo courait vite avec le ballon, évitant les joueurs de l'autre équipe. Quand il s'est approché du but, Maxime lui a passé le ballon et Hugo a frappé fort. But! L'équipe d'Maxime a célébré avec joie.

"Bravo, Hugo!" a crié Maxime en lui tapant dans le dos.

Simon et Baptiste ont également très bien joué et ont égalisé le match. Tout le monde a beaucoup apprécié le jeu.

Le temps a filé et bientôt le soleil commençait à se coucher. Ils ont décidé que le prochain but déciderait du gagnant. Les deux équipes ont joué avec plus d'énergie et de concentration.

Finalement, Hugo a réussi à voler le ballon, a couru vers le but adverse et, avec un bon tir, a marqué le but gagnant. Son équipe l'a soulevé en l'air, célébrant sa grande performance.

"Nous avons gagné!" a crié Matteo avec un grand sourire.

Après le match, tout le monde s'est assis dans l'herbe, fatigués mais heureux. Ils ont partagé des boissons et des snacks, en riant et se remémorant les meilleurs moments du jeu.

Chapitre 17. Ma Chambre

Ma chambre est mon endroit préféré dans la maison. Elle est petite mais très accueillante. Les murs sont d'un bleu clair, et il y a une grande fenêtre qui laisse entrer beaucoup de lumière naturelle.

Au centre de la chambre, j'ai un lit confortable avec une couette aux couleurs vives. À côté du lit, il y a une table de nuit où je laisse toujours un livre et une lampe de lecture.

Mon bureau est près de la fenêtre. C'est là que je fais mes devoirs et que je dessine. Sur le bureau, il y a quelques étagères pleines de livres, de cahiers et de mes crayons de couleur.

En face du lit, il y a une grande armoire où je range mes vêtements et mes chaussures. J'ai aussi une petite étagère où je mets mes jouets et mes figurines préférées.

Dans un coin de la chambre, j'ai un fauteuil confortable où je m'assois pour lire ou écouter de la musique. De plus, il y a un tableau en liège sur le mur où je place des photos et des notes importantes.

Ce que j'aime le plus dans ma chambre, c'est la sensation de tranquillité qu'elle me procure. C'est mon refuge, où je peux lire, étudier et rêver. J'adore passer du temps là-bas, car c'est un endroit où je me sens toujours heureux et détendu.

Chapitre 18. Un Voyage en Avion

C'était la première fois qu'Anaïs voyageait en avion. Elle était excitée mais aussi un peu nerveuse. À l'aéroport de Paris, il y avait beaucoup de monde qui allait et venait. Anaïs et sa mère faisaient la queue pour enregistrer leurs bagages.

"Quelle excitation, n'est-ce pas, ma chérie?" dit maman alors qu'elles attendaient leur tour. "Bientôt, tu seras à Londres."

Quand leur tour est venu, une hôtesse sympathique en uniforme blanc a vérifié leurs billets et leurs documents. Ensuite, elles se sont dirigées vers la porte d'embarquement où les attendait l'avion à destination de Londres. Anaïs s'est assise près du hublot et a attaché sa ceinture de sécurité. Elle regardait par la petite ouverture avec une grande anticipation.

Après quelques minutes d'attente, l'avion a commencé à rouler sur la piste. Le cœur d'Anaïs battait fort. Soudain, l'appareil a pris de la vitesse et, presque sans qu'elle s'en rende compte, elles étaient déjà dans les airs.

"Regarde quelles vues incroyables!" s'exclama Anaïs collée au hublot.

En-dessous d'eux, les maisons et les rues semblaient petites comme des jouets de construction. Les nuages étaient moelleux et blancs. Anaïs se sentait comme un oiseau traversant le ciel. Après quelques heures de vol, l'avion a descendu et a atterri doucement à l'aéroport de Londres. Anaïs et sa mère étaient impatientes de commencer leur aventure à Londres.

Chapitre 19. Mon Cours d'Français

Mon cours d'français est très amusant. Notre professeure s'appelle Madame Bernard. Elle est très gentille et nous aide toujours quand nous avons des doutes.

Dans ma classe, il y a dix étudiants. Mes amis sont Louise, Léa, Antoine et Charlotte. Louise est très douée en grammaire. Léa participe toujours en classe et aime parler en français. Antoine est un peu timide, mais il adore apprendre de nouveaux mots de vocabulaire. Charlotte est très bonne en prononciation.

Les cours ont lieu les mardis et jeudis. Nous commençons toujours par un jeu en français. Ensuite, Madame Bernard nous enseigne de nouveaux mots et des phrases. Parfois, nous regardons des vidéos en français et nous pratiquons des dialogues. Nous lisons également de petites histoires et faisons des exercices dans le livre.

J'aime beaucoup mon cours d'français parce que j'apprends et je m'amuse en même temps. Mes camarades de classe sont très sympathiques et nous travaillons toujours ensemble. À la fin du cours, nous faisons toujours une petite conversation en français pour pratiquer ce que nous avons appris.

Je suis très heureux d'être dans ce cours et d'améliorer mon français chaque jour. Je suis sûr que bientôt je parlerai couramment l'français.

Chapitre 20. La Bibliothèque

Samedi matin, Gabriel est allé à la bibliothèque. Il aime beaucoup lire et il est toujours à la recherche de nouveaux livres.

En entrant, Gabriel a salué la bibliothécaire, Madame Dubois. Elle est toujours très gentille et l'aide à trouver de bons livres. Gabriel a marché entre les étagères, regardant tous les titres.

D'abord, il est allé à la section des aventures. Il a trouvé un livre sur les pirates qui a attiré son attention. Ensuite, il est allé à la section de la science-fiction et a vu un livre sur les voyages spatiaux. Gabriel voulait aussi un livre sur les animaux, alors il est allé à la section nature.

Après avoir choisi trois livres, Gabriel est allé à une table et s'est assis. Il a ouvert le livre sur les pirates et a commencé à lire. L'histoire était très passionnante et Gabriel ne pouvait pas s'arrêter de lire. Une heure est passée et Gabriel a décidé d'emporter les trois livres chez lui.

Gabriel est allé au comptoir et Madame Dubois l'a aidé à enregistrer les livres. "Profite bien de ta lecture, Gabriel", dit-elle avec un sourire.

Gabriel est sorti de la bibliothèque très content. Il avait hâte de rentrer chez lui et de continuer à lire ses nouveaux livres. Pour lui, la bibliothèque est un endroit magique où il trouve toujours des aventures et des connaissances.

Chapitre 21. Une Après-midi au Cinéma

Un après-midi, Léna et ses amis ont décidé d'aller au cinéma. Ils voulaient voir un nouveau film que tout le monde disait être très bon. Ils se sont retrouvés à l'entrée du cinéma à cinq heures de l'après-midi.

D'abord, ils ont acheté les billets au guichet. Après avoir acheté les billets, ils sont allés au stand de nourriture.

Au stand, ils ont acheté du pop-corn, des boissons et des bonbons. Léna a choisi un soda au cola et une grande boîte de pop-corn. Ses amis ont également acheté du pop-corn et différents types de bonbons. Avec la nourriture en main, ils sont entrés dans la salle de cinéma.

La salle était sombre et il y avait beaucoup de monde. Ils ont cherché leurs sièges et se sont installés confortablement. Le film a commencé et tout le monde est resté silencieux, très attentif à l'écran.

Le film était très excitant. Il y avait beaucoup de scènes d'action et les effets spéciaux étaient impressionnants. Léna et ses amis mangeaient du pop-corn tout en regardant le film. Tout le monde était très heureux et appréciait beaucoup.

Après deux heures, le film s'est terminé. Léna et ses amis sont sortis du cinéma en parlant de leurs scènes préférées. Tout le monde était d'accord pour dire que c'était une après-midi très amusante et ils ont décidé de revenir bientôt au cinéma pour voir un autre film.

Chapitre 22. Le Festival de Musique

Alice était très excitée parce qu'elle allait assister à un festival de musique. C'était son premier festival et elle ne pouvait pas attendre de voir ses groupes préférés. Le festival se déroulait dans un grand parc, et Alice est arrivée tôt pour trouver un bon endroit.

Le premier concert était d'un groupe de rock qu'elle aimait beaucoup. Alice a chanté toutes les chansons et a apprécié chaque minute. Ensuite, elle est allée voir un groupe de pop. La musique était joyeuse et Alice a dansé avec ses amis.

Il y avait beaucoup d'autres activités au festival. Alice et ses amis ont acheté de la nourriture aux stands et ont essayé différents types de plats. Ils ont également visité les boutiques de souvenirs et Alice a acheté un t-shirt du festival.

Le soir, le festival s'est rempli de lumières et de couleurs. Le dernier concert était le meilleur. Le groupe principal a joué toutes les chansons populaires et la foule était très animée. Alice se sentait très heureuse et a beaucoup apprécié le spectacle.

À la fin de la journée, Alice était fatiguée mais très contente. Ce fut une expérience incroyable et elle avait hâte de revenir l'année suivante. Le festival de musique a été une journée qu'elle se souviendra toujours avec affection.

Chapitre 23. Une Balade à Vélo

Raphaël et son papa ont décidé de faire une balade à vélo en ville. Le soleil brillait et l'air était frais. Raphaël était excité d'explorer la région avec son papa.

"Papa, où allons-nous aujourd'hui?" demanda Raphaël avec enthousiasme.

"Nous irons d'abord au parc puis nous ferons une balade le long de la rivière," répondit son papa avec un sourire.

Ils montèrent sur leurs vélos et commencèrent leur aventure. Raphaël profitait du paysage pendant qu'ils pédalaient ensemble. Ils virent de grands arbres, des fleurs colorées et de nombreuses personnes heureuses se promenant.

Soudain, Raphaël vit un chemin de terre qui semblait intéressant. "Papa, pouvons-nous aller par là?" demanda-t-il.

"Bien sûr, mon fils! Allons explorer," répondit son papa avec joie.

Ils changèrent de direction et prirent le chemin de terre. Ils découvrirent une belle forêt remplie d'oiseaux chantants et de petits ruisseaux. Raphaël était ravi d'avoir trouvé un endroit si spécial.

Après un moment, ils retournèrent sur le chemin principal et continuèrent leur voyage. Raphaël se sentait heureux de passer du temps avec son papa et d'avoir vécu tant d'aventures ensemble lors de leur balade à vélo.

Chapitre 24. Le Cours d'Art

Juliette était excitée parce qu'aujourd'hui elle avait un cours d'art. Elle adorait peindre et créer de nouvelles choses. La professeure, Madame Moreau, avait toujours des idées intéressantes pour eux.

Quand Juliette est arrivée dans la salle de classe, elle a vu de nombreuses peintures et pinceaux sur les tables. Madame Moreau a souri et a dit "Aujourd'hui, nous allons peindre un paysage. Pensez à votre endroit préféré et peignez ce que vous voyez."

Juliette a pensé à la plage qu'elle visitait avec sa famille. Elle a pris ses pinceaux et a commencé à peindre la mer, le sable et les palmiers. Elle était très concentrée et heureuse.

Son amie Lina, qui était assise à côté d'elle, l'a regardée et a dit "Juliette, ta peinture est très jolie!"

Juliette a souri et a répondu "Merci, Lina. Je peins la plage où je vais avec ma famille."

Le cours est passé rapidement et tous les élèves ont créé de beaux paysages. Madame Moreau se promenait entre les tables, admirant le travail de chacun.

"Très bien, Juliette! J'aime beaucoup ta peinture. Aimes-tu peindre?" a demandé la professeure.

"Oui, j'adore peindre," a dit Juliette avec un grand sourire.

À la fin du cours, tout le monde a montré ses peintures. Juliette était très fière de son œuvre et avait hâte d'assister au prochain cours d'art.

Chapitre 25. Un Jour de Neige

Paul s'est réveillé et a regardé par la fenêtre. Tout était couvert de neige! Il était très excité. Il a mis son manteau, ses gants, son écharpe et son bonnet. Ensuite, il est sorti dans le jardin pour jouer.

D'abord, Paul a fait des boules de neige. Il a lancé quelques boules contre un arbre et a beaucoup ri. Ensuite, il a décidé de faire un bonhomme de neige. Il a pris beaucoup de neige et a commencé à former une grande boule pour le corps. Puis, il a fait une boule plus petite pour la tête.

Paul a cherché des pierres pour faire les yeux du bonhomme de neige. Il a aussi utilisé une carotte pour le nez et une vieille écharpe pour le cou. Le bonhomme de neige était très beau.

Pendant qu'il travaillait, son ami Lucas est arrivé. "Salut, Paul! Puis-je t'aider avec le bonhomme de neige?" a demandé Lucas.

"Bien sûr, Lucas! Finissons-le ensemble," a répondu Paul avec un sourire.

Les deux amis ont mis des boutons sur le bonhomme de neige pour faire la bouche. Ensuite, ils ont trouvé deux branches pour les bras. Enfin, ils ont mis un chapeau sur la tête du bonhomme de neige.

Quand le soleil a commencé à se coucher, Paul et Lucas sont rentrés à la maison. La maman de Paul leur a donné du chocolat chaud pour se réchauffer. "Merci, maman," a dit Paul, heureux et fatigué.

Chapitre 26. Le Musée d'Histoire

Victor a visité le musée d'histoire avec sa classe. Ils étaient très excités d'apprendre de nouvelles choses. Leur maître, Monsieur Lefevre, les a guidés à travers le musée.

D'abord, Monsieur Lefevre les a emmenés dans la salle des dinosaures. Il y avait de grands squelettes de dinosaures. Victor regardait avec émerveillement les énormes os.

"Ces dinosaures ont vécu il y a des millions d'années," expliqua Monsieur Lefevre. "Saviez-vous que le Tyrannosaurus Rex était l'un des plus grands?"

Ensuite, ils sont allés dans la salle des anciens Égyptiens. Ils ont vu des momies et des sarcophages. Victor était fasciné par les histoires des pharaons et des pyramides.

"Les pyramides étaient des tombes pour les pharaons," dit Monsieur Lefevre. "Les Égyptiens croyaient en la vie après la mort."

Puis, ils ont visité la salle du Moyen Âge. Il y avait des armures et des épées de chevaliers. Victor s'imaginait être un chevalier courageux combattant dans des batailles.

"Au Moyen Âge, les châteaux étaient très importants," expliqua Monsieur Lefevre. "Ils servaient de forteresses et de maisons pour les nobles."

À la fin de la visite, ils sont allés dans la salle de l'histoire moderne. Ils ont vu des objets des XIXe et XXe siècles, comme de vieilles voitures et d'anciens téléphones.

Victor a beaucoup appris pendant sa visite au musée. À la fin de la journée, il était content et a raconté à ses parents tout ce qu'il avait vu et appris.

Chapitre 27. Mon Petit-Déjeuner Préféré

Mon petit-déjeuner préféré est très simple et délicieux. J'aime préparer un petit-déjeuner végétalien chaque matin. D'abord, je prends une banane et je la coupe en rondelles. Ensuite, je mets les rondelles dans un bol. Parfois, j'utilise deux bananes si j'ai très faim.

Après, j'ajoute quelques fraises fraîches et des myrtilles. J'adore les fruits parce qu'ils sont très sains et ont bon goût. Puis, je mets un peu de flocons d'avoine sur les fruits. J'aime l'avoine parce qu'elle me garde rassasié plus longtemps.

Pour rendre le petit-déjeuner plus spécial, j'ajoute une cuillère de beurre d'amandes. J'aime beaucoup le beurre d'amandes parce qu'il est crémeux et délicieux. Parfois, j'ajoute aussi quelques graines de chia par-dessus.

Enfin, j'ajoute un peu de lait d'amandes. Je préfère le lait d'amandes parce qu'il est végétalien et a un goût doux. Il donne aussi une texture douce au petit-déjeuner.

Je m'assois à table et je savoure mon petit-déjeuner. Il est très nutritif et me donne beaucoup d'énergie pour commencer la journée. Ce petit-déjeuner est mon préféré parce qu'il est facile à préparer et très bon.

Chapitre 28. Une Journée à la Campagne

Émilie s'est réveillée tôt et était très excitée. Aujourd'hui, elle allait à la campagne avec sa famille. Elle a mis des vêtements confortables et a préparé un sac à dos avec de l'eau et des collations.

Lorsqu'ils sont arrivés à la campagne, Émilie a vu beaucoup d'animaux. Il y avait des vaches, des moutons et des chevaux. Émilie était heureuse de voir autant d'animaux. Elle s'est approchée d'une vache et l'a caressée. "Elle est si douce!" a dit Émilie avec un grand sourire.

Ensuite, Émilie et sa famille ont marché sur un sentier dans la forêt. Les arbres étaient grands et il y avait beaucoup de fleurs colorées. L'air était frais et pur. Émilie a respiré profondément et s'est sentie très bien.

À midi, ils se sont assis sous un grand arbre pour déjeuner. Ils ont mangé des sandwiches et des fruits frais. Pendant qu'ils mangeaient, ils ont entendu le chant des oiseaux. C'était un son très agréable.

Après le déjeuner, Émilie a joué avec son petit frère. Ils ont couru dans le champ et ont ramassé des fleurs. Émilie a fait une couronne de fleurs et l'a mise sur sa tête. Elle se sentait comme une reine de la campagne.

À la fin de la journée, Émilie et sa famille sont rentrées à la maison. Émilie était fatiguée mais très heureuse. Elle avait passé une merveilleuse journée à la campagne, entourée d'animaux et de nature. "Je pourrais vivre ici", pensa Émilie en s'endormant.

Chapitre 29. La Visite chez le Dentiste

Mathis avait un rendez-vous chez le dentiste. Il était un peu effrayé parce qu'il n'aimait pas la douleur. Sa maman lui a dit que tout irait bien et que le dentiste était très gentil.

Quand ils sont arrivés à la clinique, ils se sont assis dans la salle d'attente. Mathis a vu des magazines et quelques jouets. Il a essayé de se détendre en jouant avec une voiture jouet.

"Mathis, le dentiste t'attend," a dit l'infirmière avec un sourire.

Mathis est entré dans le cabinet. Le dentiste, le Dr Leroy, l'a salué. "Bonjour, Mathis. Ne t'inquiète pas, nous allons examiner tes dents rapidement," a dit le Dr Leroy.

Mathis s'est assis sur la grande chaise. Le Dr Leroy lui a expliqué tout ce qu'il allait faire. Il a examiné ses dents avec un petit miroir et une lumière.

"Tes dents sont en très bon état, Mathis. Tu dois juste mieux les brosser le soir," a dit le Dr Leroy.

Mathis s'est senti soulagé. Le dentiste n'a rien fait de douloureux. "Merci, docteur," a dit Mathis avec un sourire.

Après l'examen, le Dr Leroy a donné à Mathis une nouvelle brosse à dents et un petit tube de dentifrice. "N'oublie pas de te brosser les dents deux fois par jour et d'utiliser du fil dentaire," lui a-t-il conseillé.

Mathis et sa maman ont quitté la clinique. "Visiter le dentiste n'était pas si terrible," a pensé Mathis. Il était content d'avoir bien pris soin de ses dents.

Chapitre 30. La Foire aux Livres

Pierre est allé à la foire aux livres avec sa mère. Il était très excité parce qu'il adore les livres. La foire se tenait dans un grand parc et il y avait beaucoup de stands de livres.

"Allons chercher quelques nouveaux livres pour toi," dit sa mère avec un sourire.

D'abord, ils sont allés dans un stand de livres pour enfants. Il y avait beaucoup de livres aux couleurs vives et aux jolis dessins. Pierre a vu un livre sur les dinosaures et l'a pris. "Maman, je veux ce livre," dit-il avec enthousiasme.

"Bien sûr, Pierre. Veux-tu voir d'autres livres aussi?" demanda sa mère.

Ils continuèrent à marcher dans la foire. Pierre trouva un livre d'aventures qui lui plaisait beaucoup aussi. "Maman, puis-je avoir celui-ci aussi?" demanda-t-il.

"Oui, tu peux avoir les deux," répondit sa mère. "C'est important de lire et d'apprendre de nouvelles choses."

Après avoir acheté les livres, Pierre et sa mère se sont assis sur un banc. Pierre commença à lire son nouveau livre sur les dinosaures. Il était très heureux et apprécia beaucoup la foire aux livres.

"J'adore la foire aux livres," dit Pierre. "Je veux revenir l'année prochaine."

Sa mère sourit et dit "Bien sûr, Pierre. Lire est une grande aventure."

Chapitre 31. Une Promenade dans le Centre-Ville

Claude décida de passer l'après-midi dans le centre-ville. Il mit sa veste et sortit de chez lui. Le soleil brillait et il faisait beau.

D'abord, Claude marcha dans les rues pleines de magasins. Il regarda les vitrines et vit beaucoup de choses intéressantes. Il entra dans un magasin de vêtements et acheta un nouveau t-shirt.

Ensuite, Claude visita une librairie. Il adore lire, alors il passa beaucoup de temps à chercher un livre intéressant. Finalement, il en trouva un sur les aventures et l'acheta.

En sortant, Claude vit son ami. "Salut, Adrien! Que fais-tu ici?" demanda Claude.

"Salut, Claude. Je cherche un cadeau pour ma sœur. Et toi?" répondit Adrien.

"Je viens d'acheter un livre d'aventures," dit Claude avec un sourire.

Puis, Claude alla dans un café. Il commanda un café et un gâteau au chocolat. Il s'assit près de la fenêtre et profita de son goûter en observant les passants.

Enfin, Claude décida de visiter un musée. Il y avait une exposition d'art moderne. Il se promena dans les salles et admira les peintures et les sculptures.

À la fin de la journée, Claude se sentit heureux et satisfait. En rentrant chez lui, il pensa à quel point il avait apprécié passer du temps à explorer.

Chapitre 32. Une Journée à l'Océanarium

Mathilde et ses amis de classe décidèrent d'aller à l'océanarium lors d'une excursion scolaire. Ils étaient excités de voir les poissons et autres créatures marines. Quand ils arrivèrent à l'océanarium, ils se dirigèrent directement vers les grands aquariums remplis de poissons colorés.

"Regarde comme ils sont beaux!" s'exclama Mathilde en montrant les poissons nageant.

Ses amis acquiescèrent, enthousiastes, et commencèrent à nommer les différents types de poissons qu'ils voyaient. Ils passèrent beaucoup de temps à admirer les aquariums et à observer comment les poissons se déplaçaient.

Après avoir vu les poissons, ils allèrent dans une zone où ils pouvaient toucher des étoiles de mer et des oursins. Mathilde fut surprise de sentir à quel point certaines de ces créatures étaient douces.

"C'est tellement incroyable!" dit Mathilde en touchant une étoile de mer.

Ils terminèrent leur visite par une présentation sur les requins. Mathilde et ses amis s'assirent ensemble et écoutèrent attentivement pendant qu'on leur parlait des différents types de requins et de leur comportement dans l'océan.

À la fin de la journée, Mathilde et ses amis étaient épuisés mais heureux. Ils avaient passé une journée incroyable à l'océanarium, pleine de découvertes passionnantes et d'expériences mémorables.

Chapitre 33. La Fête de Fin d'Année

La fête de fin d'année allait commencer. Pauline et Alphonse étaient très excités. Ils avaient invité leurs amis chez eux pour célébrer ensemble.

"Cette année va être incroyable!" dit Pauline en décorant le salon avec des guirlandes et des ballons. Alphonse préparait la musique et les lumières.

À dix heures du soir, les amis commencèrent à arriver. Éva, François, Bernadette, et Hubert arrivèrent avec de la nourriture et des boissons. "Bonne année en avance!" dit Bernadette en embrassant Pauline.

Tous s'assirent à table et dégustèrent un délicieux dîner. "La nourriture est délicieuse, Pauline," dit François. Après le dîner, ils commencèrent à danser et à rire.

Il ne restait que quelques minutes avant minuit. Tout le monde se réunit devant la télévision pour regarder le compte à rebours. "Dix, neuf, huit...!" comptèrent-ils à haute voix. À minuit, tous mangèrent leurs raisins et s'embrassèrent. "Bonne année!" criaient-ils. Ensuite, ils sortirent dans le jardin pour voir les feux d'artifice.

Pauline et Alphonse étaient très heureux d'avoir passé une fin d'année si spéciale avec leurs amis. "Cette année va être géniale," dit Alphonse en embrassant Pauline.

Chapitre 34. Le Cours de Musique

Véronique était très excitée par son cours de musique. Elle aimait beaucoup apprendre à jouer des instruments. Aujourd'hui, son professeur, M. Blanche, allait leur apprendre à jouer de la flûte.

"Bonjour, classe," dit M. Blanche. "Aujourd'hui, nous allons apprendre à jouer de la flûte. Prenez chacun une flûte sur la table."

Véronique prit sa flûte et s'assit sur sa chaise. M. Blanche leur montra comment tenir la flûte et comment souffler pour produire un son.

"Tout d'abord, nous mettons les doigts ici et ici," expliqua M. Blanche en montrant les trous de la flûte. "Ensuite, nous soufflons doucement."

Véronique essaya de suivre les instructions. Au début, elle n'arriva pas à faire de son, mais M. Blanche l'aida.

"Essaie encore, Véronique," dit M. Blanche. "N'oublie pas de souffler doucement."

Véronique réessaya et, cette fois, elle produisit un son. Elle était très heureuse.

"Très bien, Véronique!" dit M. Blanche. "Maintenant, nous allons apprendre une chanson simple."

M. Blanche joua une chanson sur sa flûte et les élèves l'imitèrent. Véronique pratiqua beaucoup et, petit à petit, elle s'améliora. À la fin du cours, tous les élèves pouvaient jouer la chanson.

Véronique était très fière de ce qu'elle avait appris. "J'adore le cours de musique," pensa-t-elle en rangeant sa flûte.

Chapitre 35. Le Nouveau Travail

Le premier jour de son nouveau travail, Daniel était très nerveux. Il se leva tôt, mit son plus beau costume et prépara sa mallette. Il prit rapidement son petit-déjeuner, révisant mentalement tout ce qu'il devait emporter.

Après être arrivé au bureau, il fut accueilli par son nouveau patron, Monsieur Roux. "Bienvenue, Daniel," dit Monsieur Roux avec un sourire aimable. Daniel se sentit un peu plus détendu.

Pendant la matinée, Daniel apprit ses tâches et comment utiliser le système de l'entreprise. Simone, une collègue, lui montra comment entrer des données dans l'ordinateur. "Ici, tu dois mettre ton nom d'utilisateur et ton mot de passe," expliqua Simone. Daniel acquiesça, concentré. "Merci, Simone," dit-il.

L'après-midi, il travailla sur son premier projet. Il se sentait un peu perdu au début. Simone remarqua sa difficulté et s'approcha pour l'aider. "C'est dans le dossier des projets, ici," dit-elle en désignant l'écran. "Ah, je vois. Merci encore," dit Daniel, soulagé.

À la fin de la journée, Monsieur Roux s'approcha de Daniel. "Bon travail, Daniel. Je suis sûr que tu seras un excellent membre de l'équipe," dit-il. Daniel rentra chez lui fatigué mais content, sachant qu'avec le temps, il se sentirait plus à l'aise dans son nouveau travail.

Chapitre 36. Une Journée au Gymnase

Éric se réveilla tôt le matin avec une détermination en tête: il allait commencer à prendre soin de sa santé et de sa forme physique. Il décida qu'aujourd'hui serait le jour où il s'inscrirait au gymnase de son quartier.

Après avoir pris un petit-déjeuner nutritif, il s'habilla en tenue de sport et se dirigea vers le gymnase. En entrant, il se sentit un peu nerveux, mais aussi excité de commencer cette nouvelle étape de sa vie.

Un instructeur aimable le salua et le guida à travers le gymnase, lui montrant les différentes machines et équipements d'entraînement. Éric se sentit un peu submergé au début, mais l'instructeur lui expliqua comment utiliser chaque machine de manière sûre et efficace.

Il décida de commencer par un léger échauffement sur le tapis de course. Ensuite, il passa à soulever des poids et à faire des exercices de musculation.

Après une heure d'entraînement intense, Éric se sentit fatigué mais satisfait. Il savait qu'il avait fait un grand pas vers son objectif de rester en forme et en bonne santé.

En sortant du gymnase, il se promit de continuer à y aller régulièrement. Il était excité de voir les changéments positifs qui viendraient avec sa nouvelle routine d'exercice.

Chapitre 37. L'Atelier de Photographie

Camille a toujours été passionnée par la photographie, alors quand elle a vu une annonce pour des ateliers de photographie dans son quartier, elle a décidé de s'inscrire immédiatement.

Le premier jour de l'atelier, Camille était un peu nerveuse mais aussi excitée d'apprendre quelque chose de nouveau. Avec son appareil photo en main, elle est arrivée sur place et a été accueillie par l'instructeur, qui lui a souri chaleureusement.

Pendant la classe, Camille a appris les bases de la photographie, telles que la composition, l'exposition et la mise au point. Ils ont pratiqué en prenant des photos dans différents endroits et avec différentes lumières.

Au fur et à mesure que la classe avançait, Camille se sentait de plus en plus sûre d'elle et enthousiaste de ses progrès. Elle a commencé à capturer des images créatives et à expérimenter avec différents angles et perspectives. Elle a découvert qu'elle aimait particulièrement photographier la nature et les petits détails souvent négligés.

"Très bien, Camille!", s'est exclamé l'instructeur en voyant l'une de ses photos. "Tu as capturé le moment de manière belle et naturelle."

Camille était très heureuse et fière. À ce moment-là, elle savait qu'elle aimait la photographie et voulait explorer le monde avec son appareil photo. Elle s'imaginait voyager dans des endroits lointains, prendre de belles photos et découvrir différentes cultures.

Chapitre 38. Le Cours de Danse

Ignace avait toujours voulu apprendre à danser, alors il décida de s'inscrire à un cours de danse dans son quartier. Le premier jour de cours, il était un peu nerveux mais très excité.

Lorsqu'il arriva au studio de danse, il fut accueilli par la professeure, Mme Bertrand. "Bonjour, bienvenue à notre cours de danse," dit-elle avec un sourire.

Ignace rejoignit les autres élèves et la classe commença. Mme Bertrand leur enseigna les pas de base de la salsa. "D'abord, nous déplaçons le pied droit vers l'avant, puis le pied gauche vers l'arrière," expliqua-t-elle.

Au début, Ignace se sentait un peu maladroit, mais avec la pratique, il commença à se sentir plus sûr de lui. La musique était joyeuse et tout le monde dans la classe s'amusait beaucoup.

"Très bien, Ignace!" dit Mme Bertrand. "Tu t'améliores à chaque pas."

Après une heure de pratique, Ignace et ses camarades de classe dansèrent ensemble une petite chorégraphie. Ignace se sentit très heureux et fier de ses progrès.

À la fin du cours, Mme Bertrand leur donna quelques recommandations pour continuer à pratiquer à la maison. Ignace quitta le studio fatigué mais très content et impatient de continuer à apprendre à danser.

Chapitre 39. Le Premier Jour de Vacances

Timothée était très excité pour le début des vacances d'été. Il avait attendu ce jour avec impatience. Quand il se réveilla tôt le matin, il sourit en voyant le soleil brillant à travers la fenêtre.

Il descendit prendre son petit-déjeuner avec ses parents et ses frères et sœurs. Sur la table, il y avait des tartines, de la confiture et du jus d'orange. Timothée mangea rapidement parce qu'il était très excité de commencer la journée.

"J'ai beaucoup de plans pour ces vacances", dit Timothée après avoir fini son petit-déjeuner.

Ses parents sourirent. "Qu'as-tu prévu de faire aujourd'hui?" demanda sa mère.

Timothée répondit, "Je veux aller au parc et jouer au football avec mes amis. Ensuite, je vais à la bibliothèque pour emprunter quelques livres."

Après le petit-déjeuner, Timothée enfila ses chaussures de sport et sortit de la maison. Il se rendit d'abord au parc où il joua au football avec ses amis. Ils coururent et rirent beaucoup.

Ensuite, Timothée dit au revoir à ses amis et marcha jusqu'à la bibliothèque. Il aimait lire et voulait trouver de nouveaux livres pour les vacances. À la bibliothèque, il trouva plusieurs livres d'aventures.

Avec son sac à dos rempli de livres, Timothée rentra chez lui. Il s'assit dans le jardin et commença à lire. Il était très heureux et excité par toutes les aventures qui l'attendaient pendant ses vacances.

Chapitre 40. Visite chez les Grands-Parents

Philippe et Monique étaient très excités car ils allaient rendre visite à leurs grands-parents. Ils ont monté dans la voiture et ont commencé leur voyage. En chemin, ils ont chanté des chansons et ont joué à celui qui repérerait le plus de voitures rouges.

Quand ils sont arrivés chez leurs grands-parents, ils ont été accueillis avec des câlins et des baisers. "Quelle joie de vous voir!" a dit la grand-mère. "Nous avons préparé votre plat préféré."

Ils sont entrés dans la maison et se sont assis à table. Il y avait du poulet, du riz, de la salade et un gâteau au chocolat. Philippe et Monique ont mangé avec beaucoup de bonheur.

Après le repas, ils sont sortis dans le jardin pour jouer. Le grand-père leur a montré son jardin rempli de fleurs et de plantes. Philippe et Monique ont aidé à arroser les plantes et ont cueilli quelques fleurs.

"C'est tellement amusant d'être ici," a dit Philippe en jouant avec le chien des grands-parents.

"Oui, j'adore la maison des grands-parents," a répondu Monique.

Ils ont passé l'après-midi à jouer et à discuter avec leurs grands-parents. À la fin de la journée, ils étaient fatigués mais très heureux. "Nous devons revenir bientôt!" a dit Philippe.

"Bien sûr," a dit la grand-mère. "Vous êtes toujours les bienvenus ici."

Ils ont dit au revoir à leurs grands-parents et sont rentrés chez eux. Philippe et Monique se sont endormis rapidement, rêvant de leur prochaine visite chez leurs grands-parents.

Exercises

Chapitre 1. Journée à l'École

Répondez aux questions suivantes en choisissant la bonne option.

1. Qu'a mangé Emma pour le petit-déjeuner ?

a) Des céréales

b) Des toasts avec de la confiture et du lait chaud

c) Du pain avec du beurre

2. Qui a préparé le petit-déjeuner ?

a) Emma

b) Sa sœur

c) Sa mère

3. Quel était le premier cours d'Emma ?

a) Sciences naturelles

b) Lecture

c) Mathématiques

4. Que ont fait Emma et ses amis pendant la récréation ?

a) Ils ont joué à la marelle et pris une collation

b) Ils ont joué au football

c) Ils ont étudié à la bibliothèque

5. Qui attendait Emma après l'école ?

a) Son père

b) Sa mère

c) Sa grand-mère

Chapitre 2. Une Promenade dans le Parc

Complétez les phrases suivantes en utilisant les mots qui manquent.

1. Olivia et sa maman ont marché jusqu'au _____ voisin.

a) parc

b) plage

c) supermarché

2. Elles ont vu de petits enfants jouer sur les _____.

a) voitures

b) balançoires

c) livres

3. La maman montra un _____ grimpant sur un grand chêne.

a) papillon

b) écureuil

c) chien

4. Olivia observe le petit _______ se déplacer avec agilité.

a) fleur

b) enfants

c) animal

5. Le parfum des _______ printanières imprégnait l'air frais.

a) fleurs

b) fruits

c) feuilles

Chapitre 3. Faire les Courses au Supermarché

Lis les phrases suivantes et détermine si elles sont vraies ou fausses.

1. Sacha a acheté des pommes vertes au supermarché.

2. Sacha a choisi de prendre du poulet, du bœuf et des saucisses dans le rayon viande.

3. Dans le rayon produits laitiers, Sacha a acheté du lait, du fromage et du yaourt à la fraise.

4. Sacha a payé ses achats en espèces.

5. Sacha était triste après ses courses.

Chapitre 4. La Famille de Corentin

Reliez les parties suivantes des phrases pour former des phrases cohérentes.

1. Corentin a une famille...

2. Noé est grand et...

3. Ambre est professeure et...

4. Sophie est une fille...

5. Anaïs est la grand-mère de Corentin et...

a) elle a toujours le sourire aux lèvres.

b) petite mais heureuse.

c) a les cheveux noirs courts.

d) très énergique et curieuse.

e) une excellente cuisinière.

Chapitre 5. L'Anniversaire de Nathan

Complétez les phrases avec les mots fournis. Mots: amis, heureux, anniversaire, gâteau, cadeaux.

1. Nathan est très excité parce qu'aujourd'hui, c'est son __________.

2. La maman de Nathan a acheté un grand __________ au chocolat.

3. Tous les ___________ de Nathan de l'école sont venus à la fête.

4. Les invités lui ont donné des ___________ emballés dans des papiers brillants.

5. Nathan était très ___________ d'avoir des amis aussi formidables.

Chapitre 6. Une Journée à la Plage

Arrangez les mots suivants pour former des phrases complètes.

1. elle / un / a / dos / préparé / à / sac

2. sable / chaud / le / très / était

3. poursuivre / ils / se / ont / à / joué

4. l'après-midi / ont / bronzer / ils / passé / à

5. journée / à / belle / la / une / plage

Chapitre 7. À la Gare

Mettez les phrases dans le bon ordre chronologique.

a) La famille marche jusqu'au quai pour attendre leur train.

b) Amélie se réveille tôt et s'habille avec des vêtements confortables.

c) Amélie et Daniel se divertissent en comptant les wagons du train.

d) La famille entend un fort coup de sifflet et le train commence à bouger.

e) Papa achète les billets au guichet.

Chapitre 8. Mon Animal de Compagnie

Complétez les phrases avec les formes appropriées des verbes.

1. Coco (avoir) _____________ le pelage court de couleur marron foncé.

2. Il (venir) _____________ toujours me saluer joyeusement en remuant la queue.

3. Coco (ramener) _____________ une balle rouge dans le parc et me la relance.

4. Parfois, il ronfle et remue les pattes comme s'il _____________ de poursuivre.

5. Je ne (pouvoir) _____________ pas imaginer ma vie sans Coco.

Chapitre 9. Une Journée Pluvieuse

Répondez aux questions suivantes en choisissant la bonne option.

1. Quel type de journée est-ce aujourd'hui?

a) Ensoleillée

b) Nuageuse

c) Pluvieuse

2. Où maman a-t-elle mis les livres et les jeux?

a) Dans le salon

b) Dans le jardin

c) Dans le garage

3. Que choisit de faire le narrateur?

a) Jouer dehors sous la pluie

b) Lire un livre de contes de fées

c) Jouer aux échecs avec Chloé

4. Que fait maman pendant que les enfants lisent et jouent?

a) Elle dort dans sa chambre

b) Elle regarde la télé

c) Elle cuisine quelque chose de délicieux dans la cuisine

5. Comment se sentent les enfants à la fin de la journée

pluvieuse?

a) Ennuyés

b) Heureux d'être ensemble

c) Tristes de ne pas pouvoir sortir

Chapitre 10. Le Dîner à la Maison

Complétez les phrases suivantes en utilisant les mots qui manquent.

1. Eliott était excité parce qu'il aime vraiment être dans la _______.

a) cuisine

b) salon

c) jardin

2. Au supermarché, ils ont acheté _______ pour la salade.

a) des pommes

b) des pommes de terre et des oignons

c) de la laitue, des tomates, des carottes et des concombres

3. Papa a assaisonné le poulet avec _______, du poivre et un peu de citron.

a) du sel

b) du sucre

c) de la farine

4. Maman a cuisiné le riz dans une _______ casserole.

a) moyenne

b) grande

c) petite

5. Eliott a aidé à servir la salade et _____.

a) la soupe

b) le riz

c) les légumes

Chapitre 11. Visite au Zoo

Lis les phrases suivantes et détermine si elles sont vraies ou fausses.

1. Adam et Jules ont visité le zoo de Paris un samedi matin.

2. La première chose qu'ils ont vue, c'étaient les lions se reposant sous le soleil.

3. Jules a dit que les éléphants ressemblaient à des maisons ambulantes.

4. Les singes se comportaient comme des enfants jouant dans un parc.

5. Adam a regardé fasciné les tigres dans la volière.

Chapitre 12. Une Journée à la Montagne

Reliez les parties suivantes des phrases pour former des phrases cohérentes.

1. Léo et sa famille...

2. Léo a préparé...

3. Léo a ramassé...

4. Ils ont apprécié la vue...

5. Ils sont restés un peu plus longtemps...

a) quelques fleurs sauvages.

b) sur les montagnes majestueuses.

c) ont décidé de partir en randonnée.

d) à profiter du paysage.

e) son sac à dos.

Chapitre 13. Mon Meilleur Ami

Complétez les phrases avec les mots fournis. Mots: football, imagination, inséparables, aventures, vélo.

1. Alexandre et moi sommes ___________ depuis que nous nous sommes rencontrés à l'école.

2. Nous aimons jouer au ___________ et nous entraîner dans le parc.

3. Nous aimons explorer le quartier à la recherche d'___________.

4. Nous faisons souvent du ___________ sur les sentiers de la forêt voisine.

5. Nous créons des choses avec des blocs, laissant notre ___________ s'envoler.

Chapitre 14. La Fête dans le Quartier

Arrangez les mots suivants pour former des phrases complètes.

1. amusante / lieu / a / une / très / fête / eu

2. gens / arriver / au / les / commencé / parc / ont / à

3. la / s'est / intensifiée / musique

4. ri / tous / nous / beaucoup / avons

5. excellente / une / occasion / c'était

Chapitre 15. La Visite chez le Médecin

Mettez les phrases dans le bon ordre chronologique.

a) Le docteur Martin a écouté la poitrine de Tom avec le stéthoscope.

b) Tom et son père sont arrivés au cabinet du médecin.

c) Tom est resté à la maison et a suivi les instructions du médecin.

d) Le père de Tom a appelé le cabinet du médecin et a obtenu un rendez-vous.

e) Le docteur a donné une sucette à Tom pour avoir été un bon patient.

Chapitre 16. Le Match de Football

Complétez les phrases avec les formes appropriées des verbes.

1. Hugo est (arriver) _____________ le premier et a marqué le terrain

2. Les garçons (être) _____________ très heureux et pleins d'énergie.

3. Hugo (courir) _____________ vite avec le ballon, évitant les adversaires.

4. Simon et Baptiste ont également très bien (jouer) _____________.

5. Ils ont partagé des boissons et des snacks, en (rire) _____________ des meilleurs moments.

Chapitre 17. Ma Chambre

Répondez aux questions suivantes en choisissant la bonne option.

1. Quelle est la couleur des murs de la chambre?

a) Bleu clair

b) Moreau

c) Jaune

2. Où se trouve le bureau?

a) À côté du lit

b) Près de la fenêtre

c) En face de l'armoire

3. Qu'est-ce qu'il y a sur la table de nuit?

a) Des vêtements et des chaussures

b) Un livre et une lampe de lecture

c) Des jouets et des figurines

4. Où le narrateur s'assoit-il pour lire ou écouter de la musique?

a) Sur le lit

b) Dans l'armoire

c) Dans un fauteuil dans le coin

5. Qu'est-ce que le narrateur aime le plus dans sa chambre?

a) La grande armoire

b) Les étagères avec des livres

c) Le sentiment de tranquillité qu'elle procure

Chapitre 18. Un Voyage en Avion

Complétez les phrases suivantes en utilisant les mots qui manquent.

1. Anaïs était excitée mais aussi un peu _____.

a) nerveuse

b) heureuse

c) fatiguée

2. À l'aéroport de Paris, il y avait beaucoup de monde qui _____.

a) mangeaient

b) jouaient

c) allaient

3. Anaïs s'est assise près de la fenêtre et a attaché la _____.

a) ceinture de sécurité

b) porte

c) passeport

4. En dessous d'eux, les maisons et les rues semblaient minuscules comme les _____.

a) voitures

b) jouets

c) bâtiments

5. Anaïs se sentait comme un ______ planant dans le ciel.

a) avion

b) oiseau

c) bateau

Chapitre 19. Mon Cours d'Espagnol

Lis les phrases suivantes et détermine si elles sont vraies ou fausses.

1. Le nom de la professeure d'espagnol est Madame Bertrand.

2. Il y a douze étudiants dans la classe.

3. Charlotte est très bonne en prononciation.

4. Les cours d'espagnol sont les lundis et mercredis.

5. Ils commencent toujours la classe par un jeu en espagnol.

Chapitre 20. La Bibliothèque

Reliez les parties suivantes des phrases pour former des phrases cohérentes.

1. Gabriel est allé à la bibliothèque...

2. Madame Dubois l'aide toujours...

3. D'abord, il est allé dans...

4. Gabriel s'est assis et...

5. La bibliothèque est...

a) a commencé à lire le livre.

b) la section aventure.

c) un endroit magique pour Gabriel.

d) le samedi matin.

e) à trouver de bons livres.

Chapitre 21. Une Après-midi au Cinéma

Complétez les phrases avec les mots fournis. Mots: sièges, cinéma, amis, pop-corn, scènes.

1. Léna et ses ___________ ont décidé d'aller au cinéma.

2. Ils ont acheté du ___________, des boissons et des bonbons.

3. Ils ont cherché leurs ___________ et se sont installés

confortablement.

4. Le film était très excitant et avait beaucoup de ___________

d'action.

5. Ils ont sont sortis du ___________ en parlant de leurs scènes

préférées.

Chapitre 22. Le Festival de Musique

Arrangez les mots suivants pour former des phrases complètes.

1. était / Alice / par / festival / le / excitée

2. voir / groupe / elle / de / pop / allée / un / est

3. ils / les / souvenirs / visité / ont / boutiques / de

4. le / concert / meilleur / dernier / le / était

5. incroyable / ce / une / fut / expérience

Chapitre 23. Une Balade à Vélo

Mettez les phrases dans le bon ordre chronologique.

a) Ils changèrent de direction et prirent le chemin de terre.

b) Ils montèrent sur leurs vélos et commencèrent leur aventure.

c) Raphaël et son papa ont décidé de faire une balade à vélo.

d) Raphaël vit un chemin de terre qui semblait intéressant.

e) Ils découvrirent une belle forêt remplie d'oiseaux chantants
et de petits ruisseaux.

Chapitre 24. Le Cours d'Art

Complétez les phrases avec les formes appropriées des verbes.

1. Quand Juliette est (arriver) __________, elle a vu de
nombreuses peintures sur les tables.

2. Aujourd'hui, nous (aller) _____________ peindre un paysage.

3. Le cours est (passer) ____________ rapidement et tous ont créé de beaux paysages.

4. J' (aimer) ____________ beaucoup ta peinture, Juliette.

5. À la fin du cours, tout le monde a (montrer) ____________ ses peintures.

Chapitre 25. Un Jour de Neige

Répondez aux questions suivantes en choisissant la bonne option.

1. Qu'est-ce que Paul a fait d'abord lorsqu'il est sorti dans le jardin?

a) Il a fait des boules de neige

b) Il a fait un bonhomme de neige

c) Il a joué avec Lucas

2. Qu'est-ce que Paul a utilisé pour le nez du bonhomme de neige?

a) Une carotte

b) Une pierre

c) Un bouton

3. Qui est arrivé pendant que Paul faisait le bonhomme de neige?

a) Sa maman

b) Son frère

c) Son ami Lucas

4. Que ont fait Paul et Lucas avec le bonhomme de neige?

a) Ils ont mis des boutons pour la bouche

b) Ils ont mis des pierres pour les yeux

c) Ils ont mis une écharpe sur le bonhomme de neige

5. Qu'est-ce que la maman de Paul leur a donné quand ils sont rentrés à la maison?

a) Des cookies

b) Du jus d'orange

c) Du chocolat chaud

Chapitre 26. Le Musée d'Histoire

Complétez les phrases suivantes en utilisant les mots qui manquent.

1. Victor a visité le musée d'histoire avec sa ______.

a) famille

b) classe

c) ami

2. Monsieur Lefevre les a d'abord emmenés dans la salle des
_____.

a) anciens Égyptiens

b) Moyen Âge

c) dinosaures

3. Dans la salle des anciens Égyptiens, ils ont vu des momies et
des _____.

a) pyramides

b) sarcophages

c) châteaux

4. Au Moyen Âge, les châteaux servaient de _____.

a) forteresses

b) tombes

c) musées

5. À la fin de la visite, Victor était _____.

a) fatigué

b) triste

c) content

Chapitre 27. Mon Petit-Déjeuner Préféré

Lis les phrases suivantes et détermine si elles sont vraies ou fausses.

1. Le petit-déjeuner préféré du narrateur est végétalien.

2. Une banane est toujours ajoutée au petit-déjeuner.

3. Le narrateur ajoute des fraises fraîches et des myrtilles.

4. Le petit-déjeuner comprend des flocons d'avoine.

5. Le petit-déjeuner n'a jamais de graines de chia.

Chapitre 28. Une Journée à la Campagne

Reliez les parties suivantes des phrases pour former des phrases cohérentes.

1. Émilie s'est réveillée tôt...

2. Quand ils sont arrivés à la campagne...

3. Émilie et sa famille ont marché...

4. À midi, ils se sont assis...

5. Émilie a joué avec...

a) sous un grand arbre pour déjeuner.

b) Émilie a vu beaucoup d'animaux.

c) et était très excitée

d) son petit frère.

e) le long d'un sentier dans la forêt.

Chapitre 29. La Visite chez le Dentiste

Complétez les phrases avec les mots fournis. Mots: rendez-vous, jouets, chaise, dents, brosse à dents.

1. Mathis avait un _____________ chez le dentiste.

2. Dans la salle d'attente, Mathis a vu quelques ___________.

3. Le Dr Leroy a tout expliqué pendant que Mathis était assis dans la grande __________.

4. Le Dr Leroy a dit que les ___________ de Mathis étaient en très bon état.

5. Après l'examen, le Dr Leroy a donné à Mathis une nouvelle ___________.

Chapitre 30. La Foire aux Livres

Arrangez les mots suivants pour former des phrases complètes.

1. chercher / nouveaux / allons / livres / quelques

2. a / vu / sur / dinosaures / Pierre / un / livre / les

3. ils / marcher / foire / dans / la / à / continuèrent

4. trouva / un / d'aventures / livre / elle

5. l'année / je / prochaine / revenir / veux

Chapitre 31. Une Promenade dans le Centre-Ville

Mettez les phrases dans le bon ordre chronologique.

a) Claude est allé à un café.

b) Claude a vu son ami Adrien.

c) Claude a décidé de visiter un musée.

d) Claude a marché dans les rues pleines de magasins.

e) Claude a visité une librairie.

Chapitre 32. Une Journée à l'Océanarium

Complétez les phrases avec les formes appropriées des verbes.

1. Mathilde et ses amis (décider) ___________ d'aller à

l'océanarium.

2. Ils observer comment les poissons se (déplacer)

___________.

3. Mathilde (s'exclamer) ___________ en montrant les poissons

nageant.

4. Mathilde et ses amis (s'asseoir) ___________ ensemble.

5. Ils avaient (passer) ___________ une journée incroyable.

Chapitre 33. La Fête de Fin d'Année

Répondez aux questions suivantes en choisissant la bonne option.

1. Que faisaient Pauline et Alphonse avant l'arrivée de leurs amis?

a) Dormir

b) Décorer et préparer la musique

c) Cuisiner

2. Qui a apporté de la nourriture et des boissons à la fête?

a) Pauline et Alphonse

b) Les voisins

c) Éva, François, Bernadette, et Hubert

3. Que faisait tout le monde juste avant minuit?

a) Allaient dormir

b) Regardaient le compte à rebours à la télévision

c) Sortaient dans le jardin

4. Que faisait tout le monde à minuit?

a) Mangeaient des raisins et s'embrassaient

b) Rentrer chez eux

c) Allumaient les lumières

5. Comment se sentaient Pauline et Alphonse à la fin de la fête ?

a) Tristes

b) Fatigués

c) Très heureux

Chapitre 34. Le Cours de Musique

Complétez les phrases suivantes en utilisant les mots qui manquent.

1. Véronique était très excitée par son cours de ______.

a) mathématiques

b) musique

c) sciences

2. M. Blanche allait leur apprendre à jouer de la ______.

a) guitare

b) batterie

c) flûte

3. M. Blanche montra aux élèves comment ______ la flûte.

a) tenir

b) nettoyer

c) peindre

4. Véronique essaya de suivre les _____ de M. Blanche.

a) règles

b) instructions

c) questions

5. À la fin du cours, tous les élèves pouvaient _____ une

chanson.

a) jouer

b) dessiner

c) danser

Chapitre 35. Le Nouveau Travail

Lis les phrases suivantes et détermine si elles sont vraies ou

fausses.

1. Daniel est arrivé en retard le premier jour de son travail.

2. Le patron de Daniel s'appelle Monsieur Roux.

3. Simone est une collègue qui a aidé Daniel.

4. Pendant la matinée, Daniel a travaillé sur son premier projet.

5. À la fin de la journée, Daniel est rentré chez lui heureux.

Chapitre 36. Une Journée au Gymnase

Reliez les parties suivantes des phrases pour former des phrases cohérentes.

1. Éric se réveilla tôt le matin avec...

2. Un instructeur aimable le salua...

3. Éric décida de commencer par...

4. Éric passa à soulever des poids...

5. Éric se sentit fatigué...

a) un léger échauffement.

b) une détermination en tête.

c) mais satisfait.

d) et le guida à travers le gymnase.

e) et à faire des exercices de musculation.

Chapitre 37. L'Atelier de Photographie

Complétez les phrases avec les mots fournis. Mots: belle, composition, photographie, voyager, nature.

1. Quand Camille a vu l'annonce pour des ateliers de _____________, elle a décidé de s'inscrire immédiatement.

2. Pendant la classe, Camille a appris les bases de la photographie, comme la _____________ et l'exposition.

3. Camille a découvert qu'elle aimait prendre la ____________ et les petits détails.

4. L'instructeur a félicité Camille pour avoir capturé le moment de manière ____________ et naturelle.

5. Camille s'imaginait ____________ dans des endroits lointains et prendre des photos.

Chapitre 38. Le Cours de Danse

Arrangez les mots suivants pour former des phrases complètes.

1. notre / danse / à / de / bienvenue / cours

2. sentait / peu / Ignace / maladroit / se / un

3. t'améliores / pas / tu / à / chaque

4. ils / petite / ensemble / dansèrent / chorégraphie / une

5. le / mais / quitta / content / il / fatigué / studio

Chapitre 39. Le Premier Jour de Vacances

Mettez les phrases dans le bon ordre chronologique.

a) Timothée mangea des tartines et de la confiture pour le petit-déjeuner.

e) Timothée se réveilla tôt et sourit en voyant le soleil à travers la fenêtre.

c) Timothée joua au football avec ses amis au parc.

d) Timothée marcha jusqu'à la bibliothèque pour emprunter des livres.

b) Timothée s'assit dans le jardin et commença à lire.

Chapitre 40. Visite chez les Grands-Parents

Complétez les phrases avec les formes appropriées des verbes.

1. 1. Ils ont (monter) _____________ dans la voiture et ont commencé leur voyage.

2. Ils ont joué à celui qui (repérer) ___________ le plus de voitures rouges.

3. Les enfants ont (manger) ___________ avec beaucoup de bonheur.

4. Philippe et Monique ont (cueillir) ___________ des fleurs.

5. Ils ont (dire) ___________ au revoir à leurs grands-parents.

Solutions

Chapitre 1. Journée à l'École

1. b) Des toasts avec de la confiture et du lait chaud

2. c) Sa mère

3. c) Mathématiques

4. a) Ils ont joué à la marelle et pris une collation

5. b) Sa mère

Chapitre 2. Une Promenade dans le Parc

1. a) parc

2. b) balançoires

3. b) écureuil

4. c) animal

5. a) fleurs

Chapitre 3. Faire les Courses au Supermarché

1. Faux (Sacha a acheté des pommes rouges.)

2. Vrai

3. Vrai

4. Faux (Sacha a payé avec sa carte de débit.)

5. Faux (Sacha a quitté le supermarché heureux.)

Chapitre 4. La Famille de Corentin

1. b) Corentin a une famille petite mais heureuse.

2. c) Noé est grand et a les cheveux noirs courts.

3. e) Ambre est professeure et une excellente cuisinière.

4. d) Sophie est une fille très énergique et curieuse.

5. a) Anaïs est la grand-mère de Corentin et elle a toujours le sourire aux lèvres.

Chapitre 5. L'Anniversaire de Nathan

1. anniversaire

2. gâteau

3. amis

4. cadeaux

5. heureux

Chapitre 6. Une Journée à la Plage

1. Elle a préparé un sac à dos.

2. Le sable était très chaud.

3. Ils ont joué à se poursuivre.

4. Ils ont passé l'après-midi à bronzer.

5. Une belle journée à la plage.

Chapitre 7. À la Gare

1. b) Amélie se réveille tôt et s'habille avec des vêtements confortables.

2. e) Papa achète les billets au guichet.

3. a) La famille marche jusqu'au quai pour attendre leur train.

4. c) Amélie et Daniel se divertissent en comptant les wagons du train.

5. d) La famille entend un fort coup de sifflet et le train commence à bouger.

Chapitre 8. Mon Animal de Compagnie

1. a

2. vient

3. ramène

4. rêvait

5. peux

Chapitre 9. Une Journée Pluvieuse

1. c) Pluvieuse

2. a) Dans le salon

3. b) Lire un livre de contes de fées

4. c) Elle cuisine quelque chose de délicieux dans la cuisine

5. b) Heureux d'être ensemble

Chapitre 10. Le Dîner à la Maison

1. a) cuisine

2. c) de la laitue, des tomates, des carottes et des concombres

3. a) du sel

4. b) grande

5. b) le riz

Chapitre 11. Visite au Zoo

1. Faux (Adam et Jules ont visité le zoo de Paris un dimanche matin.)

2. Vrai

3. Vrai

4. Vrai

5. Faux (Adam a regardé fasciné les perroquets dans la volière.)

Chapitre 12. Une Journée à la Montagne

1. c) Léo et sa famille ont décidé de partir en randonnée.

2. e) Léo a préparé son sac à dos.

3. a) Léo a ramassé quelques fleurs sauvages.

4. b) Ils ont apprécié la vue sur les montagnes majestueuses.

5. d) Ils sont restés un peu plus longtemps à profiter du paysage.

Chapitre 13. Mon Meilleur Ami

1. inséparables

2. football

3. aventures

4. vélo

5. imagination

Chapitre 14. La Fête dans le Quartier

1. Une fête très amusante a eu lieu.

2. Les gens ont commencé à arriver au parc.

3. La musique s'est intensifiée.

4. Nous avons tous beaucoup ri.

5. C'était une excellente occasion.

Chapitre 15. La Visite chez le Médecin

1. d) Le père de Tom a appelé le cabinet du médecin et a obtenu un rendez-vous.

2. b) Tom et son père sont arrivés au cabinet du médecin.

3. a) Le docteur Martin a écouté la poitrine de Tom avec le stéthoscope.

4. e) Le docteur a donné une sucette à Tom pour avoir été un bon patient.

5. c) Tom est resté à la maison et a suivi les instructions du médecin.

Chapitre 16. Le Match de Football

1. arrivé

2. étaient

3. courait

4. joué

5. riant

Chapitre 17. Ma Chambre

1. a) Bleu clair

2. b) Près de la fenêtre

3. b) Un livre et une lampe de lecture

4. c) Dans un fauteuil dans le coin

5. c) Le sentiment de tranquillité qu'elle procure

Chapitre 18. Un Voyage en Avion

1. a) nerveuse

2. c) allaient

3. a) ceinture de sécurité

4. b) jouets

5. b) oiseau

Chapitre 19. Mon Cours d'Français

1. Faux (Le nom de la professeure d'français est Madame Bernard.)

2. Faux (Il y a dix étudiants dans la classe.)

3. Vrai

4. Faux (Les cours d'français sont les mardis et jeudis.)

5. Vrai

Chapitre 20. La Bibliothèque

1. d) Gabriel est allé à la bibliothèque le samedi matin.

2. e) Madame Dubois l'aide toujours à trouver de bons livres.

3. b) D'abord, il est allé dans la section aventure.

4. a) Gabriel s'est assis et a commencé à lire le livre.

5. c) La bibliothèque est un endroit magique pour Gabriel.

Chapitre 21. Une Après-midi au Cinéma

1. amis

2. pop-corn

3. sièges

4. scènes

5. cinéma

Chapitre 22. Le Festival de Musique

1. Alice était excitée par le festival.

2. Elle est allée voir un groupe de pop.

3. Ils ont visité les boutiques de souvenirs.

4. Le dernier concert était le meilleur.

5. Ce fut une expérience incroyable.

Chapitre 23. Une Balade à Vélo

1. c) Raphaël et son papa ont décidé de faire une balade à vélo.

2. b) Ils montèrent sur leurs vélos et commencèrent leur aventure.

3. d) Raphaël vit un chemin de terre qui semblait intéressant.

4. a) Ils changèrent de direction et prirent le chemin de terre.

5. e) Ils découvrirent une belle forêt remplie d'oiseaux chantants et de petits ruisseaux.

Chapitre 24. Le Cours d'Art

1. arrivée

2. allons

3. passé

4. aime

5. montré

Chapitre 25. Un Jour de Neige

1. b) Il a fait des boules de neige

2. a) Une carotte

3. c) Son ami Lucas

4. a) Ils ont mis des boutons pour la bouche

5. c) Du chocolat chaud

Chapitre 26. Le Musée d'Histoire

1. b) classe

2. c) dinosaures

3. b) sarcophages

4. a) forteresses

5. c) content

Chapitre 27. Mon Petit-Déjeuner Préféré

1. Vrai

2. Faux (Parfois, deux bananes sont utilisées si on a très faim.)

3. Vrai

4. Vrai

5. Faux (Parfois, quelques graines de chia sont également ajoutées par-dessus.)

Chapitre 28. Une Journée à la Campagne

1. c) Émilie s'est réveillée tôt et était très excitée.

2. b) Quand ils sont arrivés à la campagne, Émilie a vu beaucoup d'animaux.

3. e) Émilie et sa famille ont marché le long d'un sentier dans la forêt.

4. a) À midi, ils se sont assis sous un grand arbre pour déjeuner.

5. d) Émilie a joué avec son petit frère.

Chapitre 29. La Visite chez le Dentiste

1. rendez-vous

2. jouets

3. chaise

4. dents

5. brosse à dents

Chapitre 30. La Foire aux Livres

1. Allons chercher quelques nouveaux livres.

2. Pierre a vu un livre sur les dinosaures

3. Ils continuèrent à marcher dans la foire.

4. Elle trouva un livre d'aventures.

5. Je veux revenir l'année prochaine.

Chapitre 31. Une Promenade dans le Centre-Ville

1. d) Claude a marché dans les rues pleines de magasins.

2. e) Claude a visité une librairie.

3. b) Claude a vu son ami Adrien.

4. a) Claude est allé à un café.

5. c) Claude a décidé de visiter un musée.

Chapitre 32. Une Journée à l'Océanarium

1. décidèrent

2. déplaçaient

3. s'exclama

4. s'assirent

5. passé

Chapitre 33. La Fête de Fin d'Année

1. b) Décorer et préparer la musique

2. c) Éva, François, Bernadette, et Hubert

3. b) Regardaient le compte à rebours à la télévision

4. a) Mangeaient des raisins et s'embrassaient

5. c) Très heureux

Chapitre 34. Le Cours de Musique

1. b) musique

2. c) flûte

3. a) tenir

4. b) instructions

5. a) jouer

Chapitre 35. Le Nouveau Travail

1. Faux (Daniel est arrivé tôt le premier jour de son travail.)

2. Vrai

3. Vrai

4. Faux (L'après-midi, Daniel a travaillé sur son premier projet.)

5. Vrai

Chapitre 36. Une Journée au Gymnase

1. b) Éric se réveilla tôt le matin avec une détermination en tête.

2. d) Un instructeur aimable le salua et le guida à travers le gymnase.

3. a) Éric décida de commencer par un léger échauffement.

4. e) Éric passa à soulever des poids et à faire des exercices de musculation.

5. c) Éric se sentit fatigué mais satisfait.

Chapitre 37. L'Atelier de Photographie

1. photographie

2. composition

3. nature

4. belle

5. voyager

Chapitre 38. Le Cours de Danse

1. Bienvenue à notre cours de danse.

2. Ignace se sentait un peu maladroit.

3. Tu t'améliores à chaque pas.

4. Ils dansèrent ensemble une petite chorégraphie.

5. Il quitta le studio fatigué mais content.

Chapitre 39. Le Premier Jour de Vacances

1. e) Timothée se réveilla tôt et sourit en voyant le soleil à travers la fenêtre.

2. a) Timothée mangea des tartines et de la confiture pour le petit-déjeuner.

3. c) Timothée joua au football avec ses amis au parc.

4. d) Timothée marcha jusqu'à la bibliothèque pour emprunter des livres.

5. b) Timothée s'assit dans le jardin et commença à lire.

Chapitre 40. Visite chez les Grands-Parents

1. monté

2. repérerait

3. mangé

4. cueilli

5. dit